T0000586

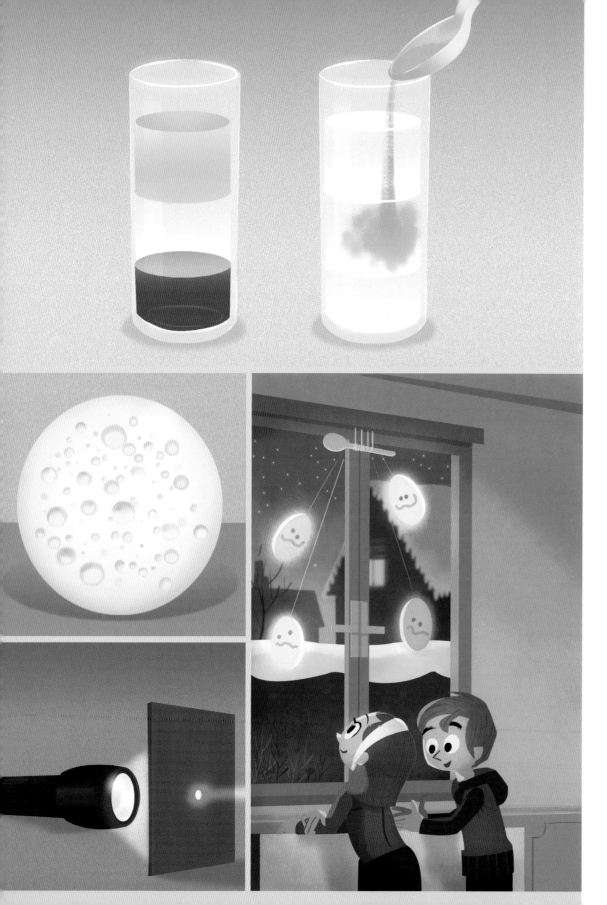

Tatjana Mihajilov-Krstev

50 EXPERIMENTOS DE QUÍMICA

¡DESCUBRE EL MÁGICO MUNDO DE LA QUÍMICA!

Ilustrado por
Nemanja Ristić
Dušan Pavlić

PANAMERICANA
EDITORIAL
Colombia • México • Perú

Mihajilov-Krstev, Tatjana
    50 experimentos de química / Tatjana Mihajilov-Krstev ; ilustraciones Nemanja Ristić, Dušan Pavlić ; traducción Gina Marcela Orozco Velásquez. -- Edición Margarita Montenegro Villalba. -- Bogotá : Panamericana Editorial, 2018.
    88 páginas : dibujos ; 24 cm. -- (Proyectos Fascinantes)
    Título original : 55 eksperimenata iz hemije.
    ISBN 978-958-30-5657-4
    1. Experimentación científica 2. Ciencia recreativa 3. Química - Experimentos I. Ristić, Nemanja, ilustrador II. Pavlić, Dušan, ilustrador III. Orozco Velásquez, Gina Marcela, traductora IV. Tít. V. serie.
372.35 cd 21 ed.
A1583608

    CEP-Banco de la República-Biblioteca Luis Ángel Arango

Primera edición en Panamericana Editorial Ltda., enero de 2018
Título original: *50 eksperimenata iz hemije*
© 2014 Kreativni centar
© 2017 Panamericana Editorial Ltda.
Calle 12 No. 34-30. Tel.: (57 1) 3649000
Fax: (57 1) 2373805
www.panamericanaeditorial.com
Tienda virtual: www.panamericana.com.co
Bogotá D. C., Colombia

Editor
Panamericana Editorial Ltda.
Edición
Margarita Montenegro Villalba
Textos
Tatjana Mihajilov-Krstev
Ilustraciones
Nemanja Ristić
Dušan Pavlić
Traducción del inglés
Gina Marcela Orozco Velásquez
Diagramación
Martha Cadena

ISBN 978-958-30-5657-4

Prohibida su reproducción total o parcial por cualquier medio sin permiso del Editor.

Impreso por Panamericana Formas e Impresos S. A.
Calle 65 No. 95-28. Tels.: (57 1) 4302110 - 4300355. Fax: (57 1) 2763008
Bogotá D. C., Colombia
Quien solo actúa como impresor.

Impreso en Colombia - *Printed in Colombia*

Magia y hechiceros... ¿Quién cree en ellos hoy en día? No son más que cuentos para niños, y solo para los más pequeños. Cuando descubres cosas acerca de la naturaleza y aprendes que se rige por leyes, dejas de creer en esas historias.

Aunque... una vez sucedió algo inusual. Una nube de pompas salió volando de una ventana del edificio de al lado. Flotaron por el parque, y los niños comenzaron a reír mientras trataban de atraparlas, pero cuando las tocaban, las pompas no estallaban... permanecían intactas. Fue así como se reveló la verdad: ¡Un mago real vivía en ese edificio!

¡Vamos a conocerlo! Es químico. Estudia la estructura de todo lo que existe, las fuerzas invisibles que rigen la naturaleza y los cambios que ocurren en ella. Con él vamos a descubrir las leyes de la química y las pondremos a prueba tal como lo hacen los científicos de verdad.

Si te preguntas cómo lograrlo, busca las respuestas en este libro. Contiene varios experimentos e historias interesantes sobre el mundo de la química.

¡Verás lo interesante y emocionante que es hacer experimentos de química!

Instrucciones
para hacer los experimentos

Antes de empezar...

1. Haz un plan detallado de todo lo que harás durante el experimento.

2. Reúne todo lo que necesitas.

3. Determina si necesitas la ayuda de alguien más.

4. Busca un lugar adecuado para hacer el experimento.

5. Asegúrate de tener tiempo suficiente para trabajar.

6. ¡No permitas que te distraigan mientras trabajas!

Debes usar elementos de protección para hacer los experimentos. Puedes comprar guantes de látex y gafas protectoras en una farmacia o una ferretería. Puedes usar una camisa grande y vieja como bata de trabajo.

Mientras trabajas...

1. Ten paciencia si descubres que el experimento tarda más de lo que esperabas.

2. Presta atención al símbolo que indica si el experimento debe hacerse

   en presencia de un adulto , en un laboratorio real

   o al aire libre .

3. Sigue las instrucciones al pie de la letra.

4. Asegúrate de no derramar nada mientras trabajas. Si te cae alguna sustancia encima, lávate de inmediato con abundante agua y jabón, y cuéntale a un adulto lo sucedido.

5. Recuerda tomar notas en un cuaderno durante los experimentos.

6. Toma fotografías de las etapas de los experimentos si consideras que pueden ser de utilidad más adelante.

7. Pon los recipientes que utilizaste en un contenedor con agua tibia y jabón. Limpia el área de trabajo cuando termines de usarla.

Es muy importante planear cada experimento. Sin embargo, aun con un buen plan, puede haber fallas. Es normal que pase; los investigadores también cometen errores. Si te sucede, reflexiona un momento y repite el experimento. Seguramente todo saldrá bien en el siguiente intento.

un recinto cualquiera

Cuando el químico nos invitó a ver su laboratorio, nos preguntamos si nos permitiría mezclar sustancias y fabricar fuegos artificiales. Sin embargo, el recinto al que entramos era como cualquier otro.

aire

muro

seres vivos

agua

tierra

silla

Todo lo que nos rodea está hecho de materia. Una sustancia es materia que ocupa espacio. Eso es lo que estudia la química: las distintas sustancias y sus cambios.

silla que cayó al suelo por la gravedad

1. Modelo de una sustancia

Todas las sustancias están hechas de partículas diminutas, y entre ellas hay espacios vacíos. Haz un modelo de una sustancia.

Necesitas:
- canicas, un vaso, harina.

INSTRUCCIONES

1. Llena el vaso de canicas.

2. Vierte harina en el vaso para comprobar si hay espacios vacíos entre las canicas

¿qué sucedió?

La harina llenó los espacios vacíos que había entre las canicas.

2. ¿Hay espacios vacíos en un vaso lleno?

El agua, como las canicas, es una sustancia hecha de partículas, aunque las suyas son muy pequeñas como para verlas a simple vista. Comprueba si hay espacios vacíos alrededor de ellas.

Necesitas:

- dos vasos del mismo tamaño, dos sustancias: agua y sémola.

INSTRUCCIONES

1. Llena un vaso con agua y el otro con sémola hasta la mitad.

2. Vierte lentamente la sémola en el vaso con agua.

¿qué sucedió?

La sémola cupo en el vaso sin que el agua se derramara.

¿por qué?

Al llenar un vaso con agua, esta ocupa todo el espacio del vaso. El hecho de que la sémola también quepa en el vaso demuestra que hay espacios vacíos entre las partículas de agua.

PARTÍCULAS

Las partículas que componen las sustancias se denominan átomos y son tan diminutas que no pueden verse a simple vista. Siempre se agrupan con otros átomos, y estas agrupaciones se llaman *moléculas*.

Las moléculas de algunas sustancias están hechas del mismo tipo de átomos. A esas moléculas las llamamos *elementos*. Existen muchos elementos y cada uno tiene propiedades que lo diferencian de los demás. Las moléculas de otras sustancias están hechas de átomos de distintos elementos. Esas sustancias se denominan *compuestos*.

Átomos de hidrógeno y oxígeno

Molécula de hidrógeno

Molécula de oxígeno

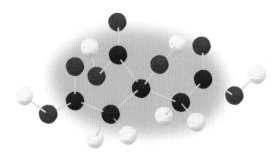

Molécula de ácido cítrico

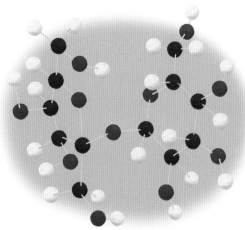

Molécula de azúcar

Para que un compuesto exista, no basta simplemente con mezclar los elementos, sino que es necesario que ocurra una *reacción química*. Las características de un compuesto son distintas de las de los elementos de los que está hecho.

El filósofo griego Demócrito (460–370 a. C.) fue el primero en afirmar que el mundo estaba hecho de partículas diminutas que no pueden desintegrarse. Denominó a esas partículas *átomos* a partir de una palabra griega que significa *indivisible*.

3. Un modelo tridimensional

Todas las moléculas de un compuesto tienen la misma estructura. Una molécula de agua siempre tiene un átomo de oxígeno y dos de hidrógeno dispuestos de tal manera que se asemejan a un osito de peluche °O°. Haz un modelo tridimensional de una molécula de agua y reflexiona sobre el hecho de que una gota de agua contiene 500 millones de moléculas.

Necesitas:
- plastilina *blanca* y púrpura, mondadientes.

INSTRUCCIONES

1. Haz esferas pequeñas con un color de plastilina. Esas serán los átomos de hidrógeno. Haz esferas ligeramente más grandes con el otro color. Esas serán los átomos de oxígeno.

2. Corta los mondadientes por la mitad.

3. Una molécula de agua consta de un átomo de oxígeno y dos de hidrógeno. Inserta una esfera a cada extremo del mondadientes para formar las moléculas.

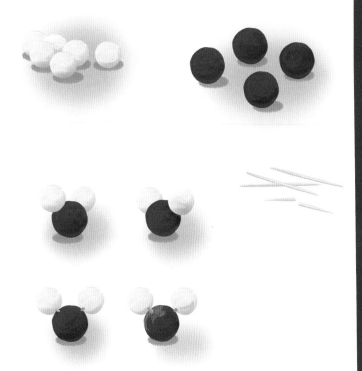

El físico italiano Amedeo Avogadro (1776–1856) estableció que los átomos se agrupan para formar moléculas. También descubrió que volúmenes iguales de gases a la misma temperatura y presión contienen el mismo número de moléculas. Basándose en este descubrimiento (hoy conocido como la ley de Avogadro), logró idear un método para determinar el peso atómico y molecular de todos los elementos.

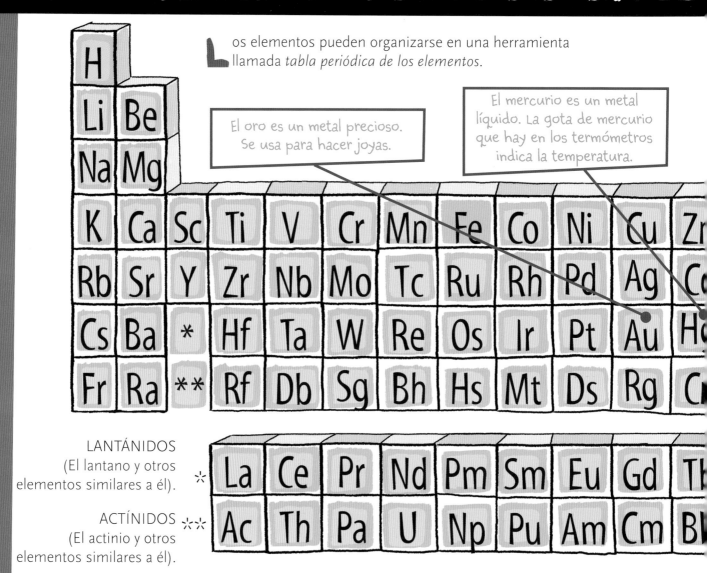

Los elementos pueden organizarse en una herramienta llamada *tabla periódica de los elementos*.

El oro es un metal precioso. Se usa para hacer joyas.

El mercurio es un metal líquido. La gota de mercurio que hay en los termómetros indica la temperatura.

LANTÁNIDOS
(El lantano y otros elementos similares a él).

ACTÍNIDOS
(El actinio y otros elementos similares a él).

Dimitri Ivanovich Mendeleev (1834–1907) fue un químico ruso que dedicó mucho tiempo a reunir información sobre los elementos químicos y a pensar en la forma de organizarlos. Hizo una tabla en la que agrupaba los elementos similares en una misma columna o período. Por esta razón, la tabla recibió el nombre de *sistema periódico de los elementos*. Dado que en ese entonces aún no habían sido descubiertos muchos elementos, Mendeleev dejó espacios libres en la tabla para que se fueran llenando conforme se descubrieran. Hoy en día, la tabla que creó Mendeleev está completa, y el elemento con el número atómico 101 se llama mendelevio en honor a este gran científico.

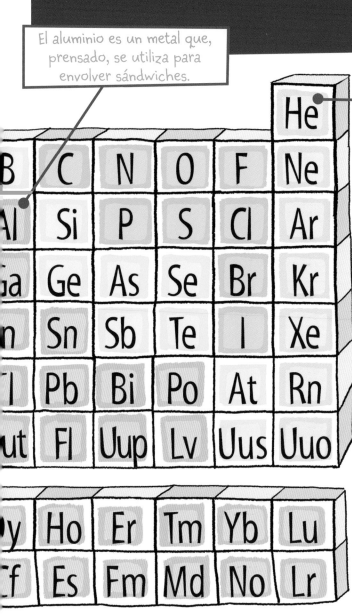

El aluminio es un metal que, prensado, se utiliza para envolver sándwiches.

El helio es un gas menos denso que el aire. Los globos llenos de helio flotan hacia el cielo.

Los elementos de la tabla periódica están agrupados según las características que tienen en común. Cada grupo tiene un color para distinguir fácilmente el tipo de elementos que contiene.

- NO METALES
- METALOIDES
- METALES
- GASES NOBLES

Cada elemento tiene un símbolo que incluye la letra inicial mayúscula de su nombre en latín.

Existen muchos elementos. Algunos están a nuestro alrededor y otros son difíciles de encontrar. Los científicos creen que el hidrógeno es el elemento más abundante en el espacio. Los seres vivos también están hechos de elementos. Estás hecho de carbono, hidrógeno, oxígeno, nitrógeno, fósforo, calcio, azufre...

Por ejemplo, la C es el símbolo del carbono porque su nombre en latín es *carbonis*.

TRES VASOS DE LIMONADA

El químico comenzó a preparar limonada. La preparó de una manera tan inusual, que no pudimos quitarle los ojos de encima. Resultó ser muy útil, pues sin su método especial para hacer limonada, hoy no podríamos hacer ni un solo experimento en un laboratorio de química.

Les enseñaré a hacer limonada.

Necesitas:
- una *botella pequeña de agua*, un vaso largo, tres limones, una toronja, una taza medidora graduada, azúcar, una balanza de cocina, un exprimidor de limones, pajillas, un embudo, un filtro de papel para café.

INSTRUCCIONES

1. Vierte 5 g de azúcar en cada vaso (ver el experimento No. 4).

2. Añade lentamente 150 mL de agua a cada vaso (ver el experimento No. 5).

3. Exprime el jugo de los limones.

4. Filtra el zumo para eliminar la pulpa y las semillas (ver el experimento No. 6)

5. Vierte 20 mL de jugo filtrado en cada vaso (ver el experimento No. 7).

6. Exprime el jugo de la toronja.

7. Añade 5 mL de zumo de toronja a cada vaso (ver experimentos 8 y 9).

8. Pon las pajillas en los vasos para que cada cual mezcle la limonada. Sirve.

4. Medir con una balanza

El azúcar, como cualquier otra sustancia dura, se puede medir en una balanza. Las balanzas de laboratorio son más precisas, pero muchas balanzas de cocina son bastante buenas para los experimentos en casa. Mide el azúcar de cada vaso por separado.

INSTRUCCIONES

1. Recorta un cuadrado de papel de aluminio de 10 × 10 cm.

2. Pon el cuadrado sobre la balanza y luego ajusta el indicador a cero. Para hacerlo, utiliza la rueda o el botón (si la balanza es electrónica).

3. Vierte una cucharadita rasa de azúcar sobre el papel de aluminio y lee su peso en gramos. Si es necesario, añade o retira azúcar hasta obtener 5 g.

5. Verter líquidos poco a poco

Para algunos experimentos químicos, a veces es necesario añadir una capa de un líquido sobre otro, de manera que no se mezclen. Se puede utilizar un agitador de vidrio para eso, pero una cuchara también sirve.

INSTRUCCIONES

1. Apoya una cuchara contra la pared del vaso.

2. Vierte agua lentamente y con cuidado por el mango de la cuchara.

6. Filtrar

Se puede filtrar con papel de filtro y un embudo. Los químicos utilizan embudos de cristal, pero cualquier embudo sirve.

Nota:

También puedes filtrar con ayuda de un filtro de papel para café, pero solo si es pequeño. Los filtros grandes no caben en los embudos, aunque puedes recortarlos y *seguir estas instrucciones.*

INSTRUCCIONES

1. Recorta un círculo de unos 10 cm de diámetro de filtro de papel para café.

2. Dobla el círculo en cuatro partes e inserta el cono resultante en el embudo.

3. Pon el embudo en el vaso y vierte el jugo en su interior.

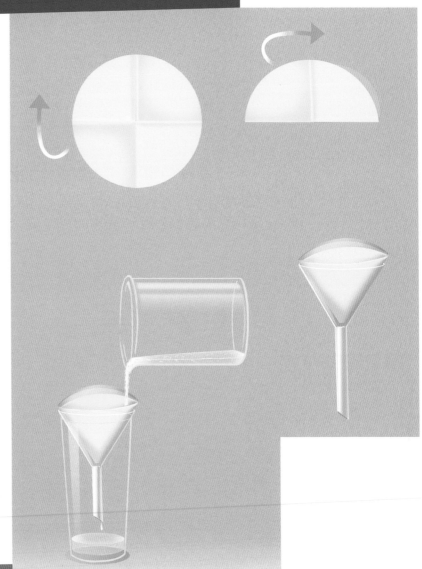

El filtrado puede ser un poco más rápido si esperas a que la pulpa del jugo se acumule en el fondo del recipiente antes de verterlo. Cuando se haya asentado del todo, vierte lentamente el líquido y después deja caer lo que quedó en el fondo.

7. Medir líquidos

Una probeta graduada es un cilindro largo y estrecho con marcas, el cual se utiliza para medir el volumen de los líquidos. En lugar de una probeta, puedes utilizar una tapa para medir medicamentos o una taza medidora de cocina. Mide el jugo de cada vaso por separado.

> ## Nota:
> Debido a la atracción que hay entre las moléculas de un líquido y las paredes de una taza medidora, el nivel del líquido es ligeramente más elevado en las paredes. Por eso es importante guiarse por el punto más bajo del líquido en el proceso de medición.

INSTRUCCIONES

1. Pon la taza medidora sobre una superficie plana.

2. Vierte jugo en la taza medidora hasta que alcance la marca de los 30 mL.

3. Observa el nivel del líquido. Nota que su superficie no es plana, sino que parece hundirse un poco en el centro.

4. Añade líquido con cuidado hasta que la parte más baja de su superficie esté al mismo nivel que la marca de los 30 mL.

8. Medir cantidades pequeñas de líquido

Una pipeta es un instrumento utilizado para hacer este tipo de mediciones. Tiene marcas para que quien hace la medición sepa la cantidad de líquido que ha extraído. Puedes seguir el mismo procedimiento con una pajilla; la única diferencia es que no tiene marcas. En este caso puede ser útil saber que en la parte más corta de una pajilla (la que va después de la parte flexible) cabe 1 mL de líquido. Esto significa que tendrás que succionar jugo de toronja cinco veces para obtener 5 mL.

> Nota:
> Los volúmenes de 5 mL o 10 mL se pueden medir con las cucharas que se usan para tomar medicamentos o con la tapa medidora de las botellas de jarabe para niños.

INSTRUCCIONES

1. Toma una pipeta con el pulgar y el dedo medio, e inserta la punta hasta que llegue al fondo del vaso de jugo.

2. Cubre la abertura de la pipeta con el dedo índice y retírala del vidrio. Observa el nivel del jugo. Al levantar el dedo índice por un momento saldrá una pequeña cantidad de jugo de la pipeta, pero tan pronto como pongas el dedo de nuevo en la abertura, el jugo dejará de salir.

3. Asegúrate de que la cantidad de jugo que hay en la pipeta sea la cantidad exacta que necesitas.

9. Añadir líquidos por goteo

Un gotero o una pipeta con una pera de goma es un instrumento utilizado para medir líquidos con precisión. Para añadir el jugo, puedes usar una pajilla e insertar una botella pequeña de plástico flexible en el extremo superior. También puedes usar un gotero para medicamentos, pero antes debes lavarlo muy bien.

> ## Nota:
> Las pajillas se usan para tomar *bebidas*, pero en estos casos nunca hay que succionar con la boca. Existen peras de goma o plástico para ayudar a llevar los líquidos hacia el interior de las pipetas.

INSTRUCCIONES

1. Aprieta la pera (o la botella) con el fin de sacarle el aire.

2. Inserta la punta del gotero en un vaso de agua y libera lentamente la pera.

3. Saca el gotero del vaso cuando se llene de agua.

4. Oprime la pera muy lentamente para que salgan las gotas de agua una por una.

EL LABORATORIO

Ir a un laboratorio de química por primera vez es una experiencia inolvidable. Todo lo que hay allí está configurado para realizar experimentos. Hay recipientes de formas extrañas organizados cuidadosamente en los armarios. Hay montones de botellas en los estantes; algunas son grandes y otras, pequeñas; algunas son oscuras porque contienen sustancias sensibles a la luz; otras tienen el símbolo de peligro en la etiqueta. ¡Vaya! ¿Acaso se puede tocar algo en ese lugar?

Es necesario utilizar los instrumentos adecuados para hacer los experimentos de química. Se pueden comprar en tiendas para equipar laboratorios. Sin embargo, se pude hacer un experimento en una botella de vidrio en lugar de un matraz de Erlenmeyer, o usar una jeringa plástica con los mililitros marcados en lugar de una probeta graduada.

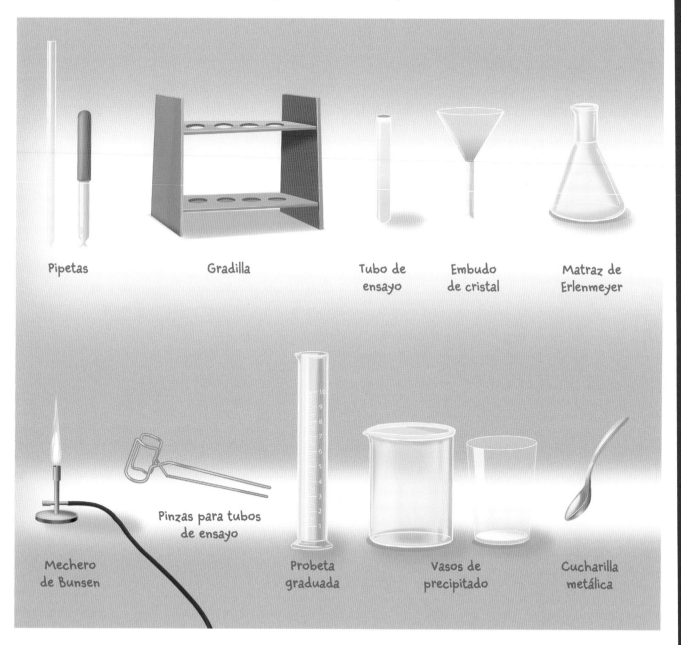

Pipetas

Gradilla

Tubo de ensayo

Embudo de cristal

Matraz de Erlenmeyer

Mechero de Bunsen

Pinzas para tubos de ensayo

Probeta graduada

Vasos de precipitado

Cucharilla metálica

Los químicos y otros científicos estudian las propiedades de las sustancias, los cambios que sufren y las condiciones que llevan a dichos cambios. El químico nos enseñó que algunos cambios son temporales y que otros son permanentes.

Los cambios físicos o temporales ocurren cuando cambian las condiciones en las que se encuentra una sustancia.

Cuando pones una botella de agua en el congelador durante dos horas, el agua se congela. Por otro lado, si viertes el agua en una olla y la calientas hasta que hierva, esta comienza a evaporarse.

El hielo, el agua líquida y el vapor de agua son tres estados de una misma sustancia. Esos estados (sólido, líquido y gaseoso) se denominan *estados de la materia*.

¡Observa lo que sucede!

Si dejas una barra de chocolate al sol, esta se derrite.

El alcohol se evapora si dejas abierto el recipiente que lo contiene.

Todas las sustancias se encuentran en algún estado de la materia, y todas pueden pasar a otro estado con ciertas condiciones.

Esto quiere decir que el hierro puede ser gaseoso y que el aire puede ser sólido.

Sin embargo, para que el hierro pase a su estado gaseoso, la temperatura debe superar los 2750 °C, y para que el aire se solidifique, la temperatura debe ser menor a los -223 °C.

10. Monstruos invernales

Crea monstruos que brillan en la oscuridad, espían en las habitaciones y golpean tu ventana cuando sopla el viento.

Necesitas:

- pigmentos fosforescentes, cuatro tapas plásticas de frascos, granos de pimienta, cuatro tiras de cuerda, cuatro hilos de 50 cm de largo, una cuchara de palo, cinta adhesiva.

Nota:

Debes hacer este experimento únicamente cuando la temperatura en exteriores esté bajo cero.

INSTRUCCIONES

1. Vierte una pequeña cantidad de agua en cada tapa. Añade 10 gotas de pigmento fosforescente y mezcla.

2. Pon dos granos de pimienta y una tira de cuerda en cada tapa.

3. Sumerge un extremo del hilo en el agua y deja el otro por fuera de la tapa.

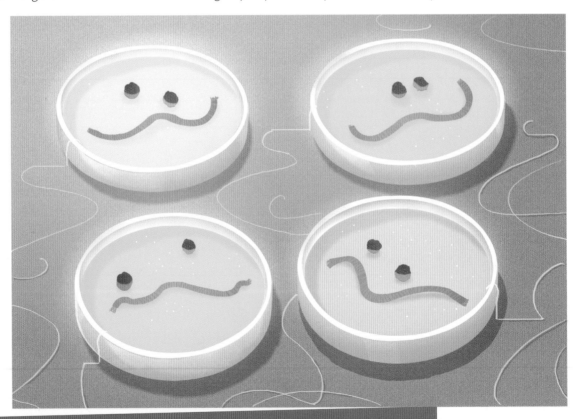

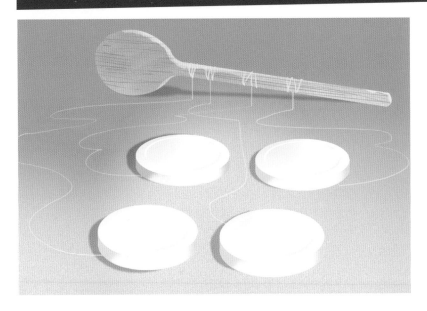

4. Pon las tapas en el congelador y déjalas allí varias horas.

5. Saca las tapas cuando se hayan congelado bien. Ata el extremo libre de cada hilo al mango de la cuchara y asegura los nudos con cinta adhesiva.

6. Retira el agua congelada de las tapas. Si los hielos no se desprenden con facilidad, pon las tapas sobre una tela humedecida con agua tibia e intenta de nuevo.

7. Pon la cuchara de palo en la parte interna de una ventana y extiende los hilos con los hielos por fuera de la ventana.

8. Cierra la ventana, apaga las luces de tu habitación y comprueba si puedes ver los hielos en la oscuridad.

¿qué sucedió?

Los hielos brillan en la oscuridad. Los granos de pimienta son los ojos de los monstruos, y la cuerda son sus bocas.

¿por qué?

Algunas sustancias tienen propiedades fosforescentes, es decir que, después de estar expuestas a la luz, emiten luz propia. Los pigmentos fosforescentes contienen esas sustancias.

11. La cortina de humo

El agua se convierte en vapor cuando se calienta, y en hielo cuando se enfría.
Esta propiedad permite que el agua circule en la naturaleza. Sin ella, no habría vida en la Tierra.

Necesitas:
- un frasco con tapa, agua hirviente, hielo, cerillas.

INSTRUCCIONES

1. Vierte un poco de agua en el frasco. Cúbrelo con el dorso de la tapa.

2. Pon varios cubos de hielo sobre la tapa (como la tapa está boca arriba, no se derrama el agua del hielo que se derrite).

3. Enciende una cerilla y apágala cuando la llama crezca.

4. Introduce la cerilla en el frasco sin soltarla mientras libera humo. Retíralo del frasco y cubre la abertura de nuevo con la tapa.

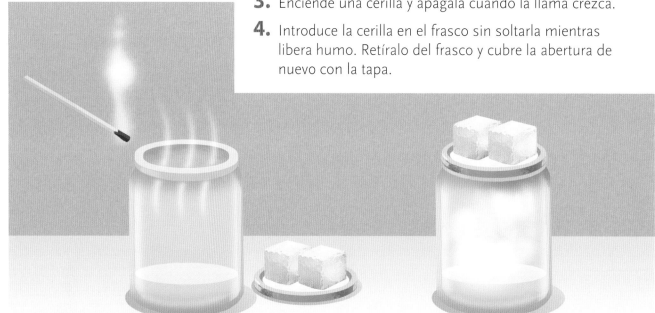

¿qué sucedió?

¡Apareció una nube en el frasco!

¿por qué?

Las moléculas de vapor de agua se unen con las partículas de humo y suben hacia la tapa, que está fría. Debido a la diferencia de temperaturas, el agua se condensa en las partículas de humo (regresa a su estado líquido) y se forma una nube. Un proceso similar ocurre en la atmósfera.

CON UN ADULTO

12. La pócima mágica

Pócimas mágicas humeantes y burbujeantes... ¿Solo las hacen las brujas de los cuentos de hadas? ¡No! Pueden hacerse fácilmente en un laboratorio de química.

Necesitas:

- un vaso largo (o una probeta grande), agua, colorante para alimentos azul o verde, hielo seco (dióxido de carbono congelado).

Nota:

Debes utilizar guantes gruesos.

INSTRUCCIONES

1. Vierte agua hasta llenar la mitad del vaso.

2. Agrega unas cuantas gotas de colorante.

3. Introduce trozos de hielo seco y observa.

El dióxido de carbono (CO_2) solo se torna líquido cuando está sometido a grandes presiones. Los extintores de incendios contienen CO_2 líquido. Al activarlos, se reduce la presión y el CO_2 se enfría repentinamente, de modo que pasa de estado líquido a sólido, y enfría y apaga el fuego.

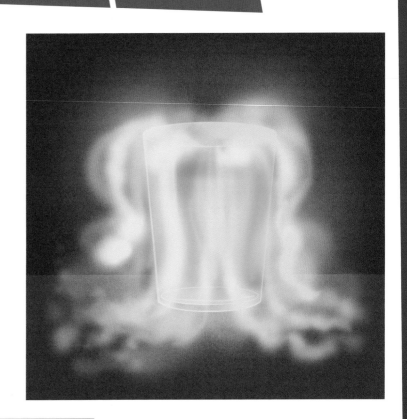

¿qué sucedió?

La pócima mágica comenzó a liberar burbujas y humo.

¿por qué?

El hielo seco es dióxido de carbono sólido. Se produce a -79 °C. A temperatura ambiente, el hielo seco pasa directamente de estado sólido a gaseoso. Al sumergirlo en el agua se evapora rápidamente y le da a la "pócima mágica" su aspecto burbujeante y humeante.

13. Tu propia nube

Los espacios vacíos que hay entre las moléculas que componen una sustancia son más pequeños cuando esta se encuentra en estado sólido, y más grandes cuando se encuentra en estado gaseoso. Observa lo que ocurre cuando reducimos el tamaño de los espacios vacíos que hay entre las moléculas de un gas.

Necesitas:

- una *botella plástica de 2 L, alcohol, cinta adhesiva ancha y resistente, tijeras, una bomba de bicicleta.*

INSTRUCCIONES

1. Vierte una cantidad pequeña de alcohol en la botella plástica.

2. Cubre la abertura de la botella con cinta adhesiva y luego perfórala con las tijeras.

3. Inserta la aguja de la bomba de bicicleta en el agujero y comienza a bombear con fuerza.

4. Luego retira la aguja y deja salir el aire que bombeaste hacia la botella.

¿qué sucedió?

De repente apareció una nube en la botella.

¿por qué?

Cuando se bombea aire hacia la botella, la presión y la temperatura aumentan, y esto hace que el alcohol se evapore. Cuando se deja salir el aire, la presión y la temperatura descienden rápidamente. El vapor de agua que hay en el aire se condensa en las partículas de alcohol frías (se convierte en agua) y, como resultado, se forma una nube.

Joseph Louis Gay-Lussac (1778–1850) fue un físico y químico francés. Incursionó en varios campos científicos y sus grandes descubrimientos tuvieron que ver con la forma en que se expanden los gases según las variaciones de temperatura y presión. Hizo investigaciones atmosféricas con ayuda de un globo que se elevaba a más de 6 km del suelo. Además, determinó de qué estaban hechas las moléculas de agua, mejoró la función de algunos instrumentos de laboratorio y descubrió el elemento químico llamado boro.

CON UN ADULTO

14. El cañón

Gracias a la estructura "porosa" de la materia y al hecho de que aumentar la presión reduce el tamaño de los poros, puedes fabricar un cañón pequeño capaz de disparar balas.

Necesitas:

- un tubo metálico o de vidrio de 20 cm de largo, dos corchos, pegamento, cerillas, plastilina, una vela.

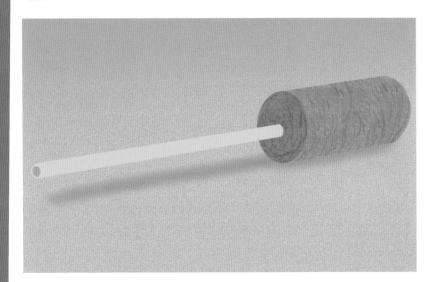

INSTRUCCIONES

1. Haz un agujero en uno de los corchos, de modo que en él quepa un extremo del tubo.

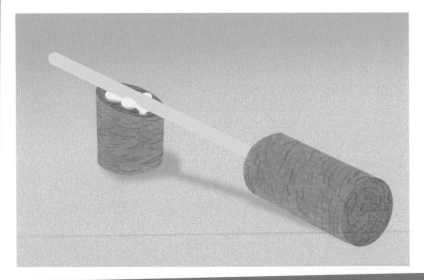

2. Corta una sección del otro corcho de manera que uno de sus extremos forme un plano inclinado. Usa pegamento para adherir la sección media del tubo a esa parte del corcho. Ese será el punto de apoyo del cañón.

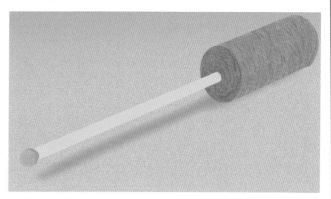

3. Haz una esfera de plastilina e insértala en el extremo libre de la cerilla.

4. Introduce la cerilla en el tubo, de modo que la cabeza quede dentro y la plastilina cubra el agujero.

5. Enciende la vela y calienta la parte externa del tubo, cerca de donde se encuentra la cabeza de la cerilla. Observa lo que ocurre.

¡ZAS!

¿qué sucedió? El cañón disparó la esfera de plastilina adherida a la cerilla.

¿por qué? La cerilla se enciende y emite gases. Los gases aumentan la presión que hay dentro del tubo hasta que la plastilina sale expulsada.

El químico puso una olla vieja en la estufa y le agregó dos cucharadas de azúcar. "¿Qué está haciendo? —pensamos—. ¿Está preparando un postre?", y mientras esperábamos a que la estufa se calentara, nos preguntábamos qué había sucedido con el agua que se había evaporado y adónde se habían ido todo el humo y las nubes de los experimentos.

Como vieron, las sustancias sufren cambios, pero no desaparecen, sino que pasan de un estado a otro. ¡Y esa es una gran verdad científica! La materia cambia de una forma a otra, pero no se crea ni se destruye.

Por supuesto, esta verdad científica también se extiende a los cambios permanentes de las sustancias: los cambios químicos. Durante esos cambios surgen nuevas sustancias con diferentes propiedades. En ese momento, el azúcar comenzó a cambiar.

Antoine-Laurent de Lavoisier (1743–1794) fue un químico francés, considerado el fundador de la química moderna. Estudió los cambios de las sustancias y analizó todas las variables involucradas en dichos cambios. Los resultados de sus estudios llevaron a postular una de las leyes más importantes de la ciencia: *la ley de la conservación de la materia.*

15. El caramelo fantasma

El calor puede hacer cambios permanentes en las sustancias.
Pon a prueba el efecto del calor en el azúcar.

Necesitas:

- una olla vieja, dos cucharadas de azúcar, una estufa.

INSTRUCCIONES

1. Vierte el azúcar en la olla y ponla a calentar en la estufa.

2. Observa los cambios que ocurren.

¿QUé sucedió?

El azúcar se derritió al comienzo, luego se tornó amarillenta y fue oscureciéndose más y más. En esta etapa desprendió un aroma a caramelo. Momentos después, el aroma cambió, el azúcar comenzó a liberar humo y al final quedó una masa negra y dura.

¿por qué?

El azúcar sufrió un cambio químico por efecto del calor. La sustancia resultante tiene propiedades completamente diferentes y no puede retomar su forma original. Recuerda: mientras ocurría este cambio químico también se liberaron gases.

MEZCLAS

Al día siguiente había un tazón de deliciosos caramelos de avellana sobre la mesa. También había limonada, aunque no se veía como siempre. ¡Estaba separada por partes!

Para hacer la limonada teníamos que mezclar jugo de limón, agua y cubos de azúcar, pero el químico nos confundió:

> Disuelvan el soluto en el solvente y luego utilicen la solución resultante como solvente para disolver el soluto restante. ¡No mezclen las cosas cuando de mezclas se trata!

De hecho, es muy sencillo: una mezcla es una combinación de sustancias, pero no hay reacción química entre ellas.

Cuando mezclamos harina y virutas de hierro, obtenemos una mezcla. Aunque las mezclemos, podemos separarlas de nuevo fácilmente.

En todas partes hay mezclas. El aire, las rocas, los pasteles... todas son mezclas. Durante los experimentos químicos solemos utilizar mezclas que contienen al menos una sustancia líquida.

En algunas mezclas, la sustancia que se disuelve (soluto) se encuentra en forma de moléculas y se distribuye uniformemente en un líquido (solvente). Un ejemplo de estas mezclas es la limonada.

En otras mezclas, las partículas de la sustancia disuelta forman grupos de moléculas. Estas se distribuyen uniformemente y no dejan residuos cuando la solución se deja en reposo. Debido a estas propiedades se utilizan en la producción de pegamentos, tintes, goma y otros materiales. El pudín es una mezcla de este tipo.

Hay mezclas en las que la sustancia que se añade al líquido también es líquida, pero no se disuelve en moléculas, sino que permanece en forma de gotas. Con el tiempo, las gotas de la sustancia comienzan a unirse hasta que finalmente los dos líquidos se separan por completo. La mezcla de agua y aceite es una mezcla de este tipo. La mayonesa también es una mezcla así, pero contiene aditivos que evitan que los ingredientes se separen.

En ciertas mezclas, la sustancia que se añade al líquido es sólida, pero no se disuelve. Sus partículas se distribuyen de manera desigual y forman un residuo fácilmente. La mezcla de arena y agua es una mezcla de este tipo.

16. ¿Quién es más rápido?

La velocidad de disolución de una sustancia en un solvente no siempre es la misma. Comprueba si agitar y cambiar la temperatura de las mezclas tienen un efecto en la velocidad de disolución.

Necesitas:

- dos vasos de agua fría, un vaso de agua tibia, tres cucharadas de azúcar, una cuchara, un cronómetro.

INSTRUCCIONES

1. Agrega una cucharada de azúcar a uno de los vasos de agua fría.

2. Agrega una cucharada de azúcar al otro vaso de agua fría y agita hasta que se disuelva.

3. Agrega una cucharada de azúcar al vaso de agua tibia.

4. Compara las velocidades de disolución de los vasos. Obtendrás datos más precisos si mides el tiempo con tu cronómetro desde el momento en el que añades el azúcar hasta el momento en el que se disuelve completamente.

¡qué sucedió?

El azúcar se disolvió lentamente en el agua fría, más rápido en el vaso en el que se agitó la mezcla, y aún más rápido en el vaso de agua tibia.

¿por qué?

La velocidad de disolución depende de la rapidez con la que las moléculas de un soluto se distribuyen en un solvente. La velocidad aumenta al agitar la mezcla, y más aún al calentarla.

17. Separación de colores

El rojo, el amarillo y el azul se llaman colores primarios. El verde, el púrpura y el anaranjado se obtienen mezclando colores primarios. Descubre qué colores se mezclan para obtener el verde, el púrpura y el anaranjado.

Necesitas:

- papel de filtro; compás; marcadores a base de alcohol de color azul, verde, anaranjado y púrpura; agua y acetona.

INSTRUCCIONES

1. Recorta un círculo de papel de filtro de unos 10 cm de diámetro.

2. Dibuja un círculo más pequeño de 3 cm de diámetro con ayuda del compás. Asegúrate de que el círculo no se note mucho.

3. Dibuja con los marcadores un punto azul, uno verde, otro púrpura y otro anaranjado sobre la línea del círculo.

4. Pon en el centro del círculo una gota grande de agua mezclada con una cantidad mínima de acetona.

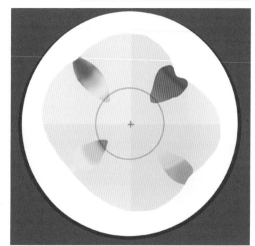

¿Qué sucedió?

Cuando la mezcla de agua y acetona alcanzó los puntos, aparecieron líneas radiales. El punto azul se disolvió y formó líneas azules. El púrpura se disolvió en líneas rojas y azules, el verde en líneas amarillas y azules, y el anaranjado en líneas rojas y amarillas.

¿Por qué?

La acetona es excelente para disolver los colores de los marcadores, pero, como se evapora rápidamente, debemos añadirle un poco de agua. Cuando la mezcla alcanza los puntos, disuelve los colores y estos tiñen el papel humedecido. Aunque la velocidad de disolución no es la misma en todos los casos (porque su composición química es diferente), los colores que se obtienen al mezclar colores primarios finalmente se dispersan y forman líneas multicolores.

18. Estantes invisibles

La solubilidad de una sustancia depende del tipo de solvente en el que se disuelva.
Pon a prueba la solubilidad del yodo y del sulfato de cobre en varios solventes.

CON UN ADULTO

LABORATORIO

Necesitas:

- yodo en polvo, sulfato de cobre, acetato de etilo (o cualquier removedor de esmalte que lo contenga), cloroformo, agua, dos vasos largos transparentes (de vidrio), dos cucharas de mango largo.

INSTRUCCIONES

1. Vierte primero cloroformo en cada vaso, luego agua y finalmente acetato de etilo. El líquido no se mezclará, sino que formará tres capas.

2. Añade con una cuchara yodo a un vaso, sulfato de cobre al otro, y agita cada uno con una cuchara.

3. A continuación añade sulfato de cobre al primer vaso, yodo al segundo y agita nuevamente. Observa los cambios que ocurren.

¿Qué sucedió?

Apareció una capa de color rojo oscuro en la parte inferior del primer vaso, luego una capa intermedia incolora y una capa anaranjada en la parte superior. En el segundo vaso apareció una capa azul en medio de dos capas incoloras. Después de añadir los ingredientes del tercer paso aparecieron las tres capas de color y permanecieron separadas a pesar de haberlas agitado.

¿Por qué?

El yodo se disuelve en la capa de cloroformo y en la capa de acetato de etilo, pero no se disuelve en agua. La solución de yodo en cloroformo es de color rojo oscuro mientras que la solución de yodo en acetato de etilo es anaranjada. Sucede lo contrario con el sulfato de cobre: solo se disuelve en agua, y la solución que forma es azul.

19. El líquido indeciso

Algunos solutos se disuelven cuando reaccionan con un solvente y esto puede formar diferentes soluciones intermedias. Cuando las soluciones intermedias tienen varios colores, sus cambios y su apariencia son notorios.

Necesitas:

● agua destilada (puedes comprarla en una farmacia), tiosulfato de sodio, ácido clorhídrico, un agitador, un vaso.

INSTRUCCIONES

1. Vierte agua destilada en el vaso y agrega una gota de ácido clorhídrico.

2. Añade una pequeña cantidad de tiosulfato de sodio.

3. Observa los cambios que ocurrirán frente a tus ojos en el lapso de un minuto.

¿qué sucedió?

El líquido transparente se enturbió al principio, luego se volvió lila y después púrpura, luego azul claro, gris, amarillo oscuro y, finalmente, amarillo brillante.

¿por qué?

En el proceso de disolución del tiosulfato de sodio se producen soluciones intermedias. Estas soluciones intermedias adoptan diferentes colores hasta que se diluye por completo el azufre, que tiene un color amarillo característico.

20. La desaparición del color

Es fácil teñir un líquido de un color,
pero es igualmente fácil hacerlo incoloro.

Necesitas:

- un vaso, agua, tinta, cal clorada (*se puede comprar en una tienda donde venden productos para teñir*), un agitador de vidrio.

INSTRUCCIONES

1. Llena el vaso con agua, agrega varias gotas de tinta y agita bien.

2. Moja el agitador con cal clorada, agita la solución que hay en el vaso y observa lo que sucede.

¿qué sucedió?

El color del líquido empezó a desvanecerse y finalmente desapareció.

¿por qué?

El oxígeno de la cal clorada se separa fácilmente; se une al pigmento (color) de la tinta y lo oxida. La oxidación es una forma de combustión y los pigmentos que se oxidan se vuelven más claros o incluso incoloros. La ropa que se seca al sol se hace más clara, tal como le sucede a nuestro pelo cuando vamos al mar, y esto sucede porque los pigmentos se oxidan.

Joseph Priestley (1733–1804) fue un químico británico que estudió las sustancias gaseosas. Descubrió el oxígeno, el amoniaco, el monóxido de carbono y el dióxido de azufre. También notó que las plantas verdes liberan oxígeno cuando están expuestas a la luz solar y que de esa manera se renueva la cantidad de gas utilizada en la combustión y la respiración.

21. Luz en la niebla

Prepara una solución de almidón en agua
y observa cómo pasan los rayos de luz
a través de ella.

Necesitas:

- una cucharadita de almidón, una cucharadita de azúcar,
  agua, tres vasos, una linterna, un trozo de cartón con un
  agujero (lo puedes hacer con una aguja), una estufa.

INSTRUCCIONES

1. Disuelve una cucharadita de almidón en medio vaso
de agua; vierte el contenido en una olla y caliéntalo a
fuego bajo, revolviendo constantemente. Aparecerá
una masa gelatinosa en la olla después de un rato.

2. Pon un poco de la masa en un vaso de agua y mezcla bien. Pon una cucharadita
de azúcar en otro vaso y agita hasta que se disuelva.

42

3. Alinea el cartón agujereado, el vaso con azúcar disuelta y el vaso con almidón disuelto.

4. Pon la linterna de modo que la luz pase a través del agujero del cartón y llegue a los vasos con las soluciones. Enciende la linterna y observa cómo se comporta el rayo de luz en cada solución.

¿qué sucedió?	El rayo de luz pasó sin problemas a través de la solución de azúcar. Cuando pasó a través de la solución de almidón, dio la impresión de que toda la solución brillaba.
¿por qué?	Las moléculas de azúcar están completamente disueltas y no son lo bastante grandes como para refractar la luz, por lo que esta pasó a través de la solución sin problemas. Cuando hay grupos grandes de moléculas de almidón en la trayectoria de los rayos de luz, estos se refractan y parece que la solución brilla con una luz lechosa.

22. Un mar en una *botella*

El aceite no se disuelve en agua. Si agitas la mezcla vigorosamente, el aceite se separa en gotas, pero estas se agrupan pronto y forman una capa distinta. El líquido menos denso flota en la superficie. Descubre cuál es menos denso: el aceite o el agua.

Necesitas:

- una *botella de plástico de 2 L, 1,5 L de aceite de cocina, 1/2 L de agua, colorante azul para alimentos.*

INSTRUCCIONES

1. Vierte 1/2 L de agua en la botella de plástico.

2. Añade un poco de colorante azul y agita hasta que el agua adquiera un color uniforme.

3. Llena el resto de la botella con aceite y tapa bien.

4. Sostén la botella por la tapa y por la parte inferior, y balancéala de un lado al otro.

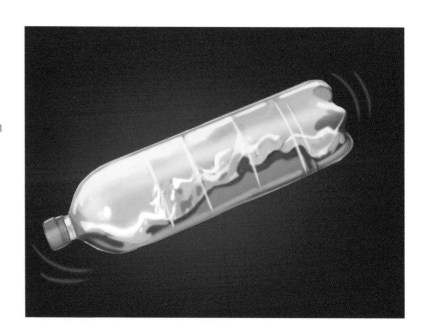

¿qué sucedió?

Se formó un mar en la botella, justo delante de tus ojos. El agua forma olas, pero no se mezcla con la capa de aceite.

¿por qué?

El aceite no se disuelve en el agua, sin importar la fuerza con que lo agites; todas las gotas que se dispersan, se separan del agua nuevamente y, sin importar hacia dónde gires la botella, la capa de aceite, que es menos denso que el agua, siempre permanece arriba. Al mover la botella, el aceite hace las veces de cielo, y el agua de color azul se mueve lentamente e imita el vaivén de las olas del mar.

23. Erupción submarina

El aceite no se disuelve en agua y podemos aprovechar esta característica para imitar la erupción de un volcán submarino.

Necesitas:

- una *botella de plástico, 1 L de aceite, un vaso de agua, colorante rojo para alimentos, tabletas efervescentes.*

INSTRUCCIONES

1. Vierte el agua en la botella, agrega un poco de colorante rojo y agita hasta que el agua adquiera un color uniforme.

2. Agrega el aceite a la botella.

3. Deja caer una tableta efervescente en la botella. Verás que algo comienza a suceder en el fondo.

4. Agrega varias tabletas efervescentes al mismo tiempo y observa lo que ocurre.

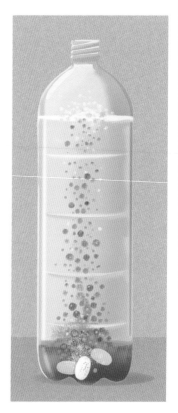

¿qué sucedió?

Cuando la primera tableta efervescente llegó al agua, comenzaron a formarse burbujas. Al añadir varias tabletas efervescentes, aparecieron muchas burbujas rojas y se desplazaron rápidamente hasta la parte superior de la botella.

¿por qué?

El aceite forma una capa distinta sobre el agua, debido a que es menos denso. Cuando la tableta efervescente entra en contacto con el agua, se disuelve y libera dióxido de carbono, que se eleva junto con algunas gotas de agua de color rojo.

24. Pompas duraderas

Puedes hacer cientos de pompas con una botella de jabón y una tapa especial, pero no es tan fácil preparar un jabón que produzca pompas que no se estallen en el instante en el que las haces. Descubre cómo son las pompas que se hacen con la receta de jabón del químico.

Necesitas:
- glicerina, jabón rallado, agua, un vaso pequeño, un alambre delgado.

INSTRUCCIONES

1. Añade 5 g de jabón a 100 mL de agua y agita hasta que se disuelva.

2. Añade 10 mL de glicerina a la solución y agita de nuevo.

3. Haz tres aros de diferentes tamaños con ayuda del alambre.

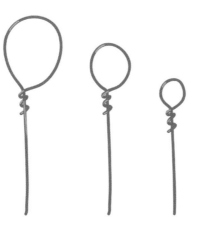

4. Inserta los aros en la solución uno por uno y sopla para hacer pompas.

¿Qué sucedió?

Las pompas que hiciste son mucho más fuertes y duran más que las pompas normales hechas de espuma.

¿Por qué?

Hay moléculas de glicerina entre las moléculas de agua. Estas dos clases de moléculas están unidas por *puentes* hechos de moléculas de jabón. Esos *puentes* o enlaces entre las moléculas hacen que las pompas sean más fuertes y más difíciles de estallar.

25. Polvos mágicos

Algunas soluciones constan de un líquido en el que hay partículas grandes dispersas que forman un residuo rápidamente. Haz un modelo de una solución así en un frasco.

Necesitas:

- un frasco pequeño de vidrio (un frasco de comida para *bebés*), un juguete pequeño, pegamento de silicona, glicerina (*se puede comprar en la farmacia*), agua, escarcha plateada.

INSTRUCCIONES

1. Pega el juguete al lado interno de la tapa y deja que se seque.

2. Llena la mitad del frasco con agua.

3. Vierte glicerina hasta terminar de llenar el frasco.

4. Añade un poco de escarcha y tapa bien el frasco.

5. Aplica una capa de pegamento en el área donde la tapa y el frasco se unen, y deja secar.

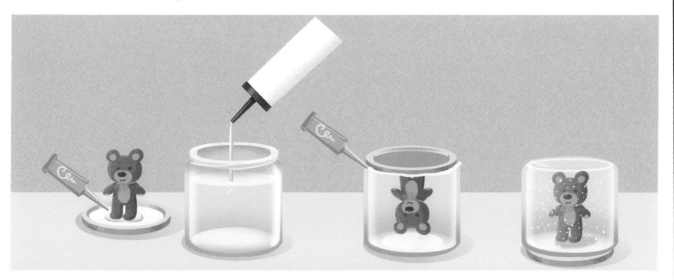

¿Qué sucedió?

Cuando sacudes el frasco, los polvos mágicos giran alrededor del juguete.

¿Por qué?

La glicerina aumenta la densidad del agua y suaviza el movimiento de la escarcha, lo que da la impresión de que los polvos mágicos caen lentamente.

stábamos sentados, hablando y bebiendo limonada. El químico pensó que era muy saludable. Aun así, mientras pronunciaba una oración muy larga, no se dio cuenta de la cantidad de azúcar que le agregaba a su vaso. Luego empezó a agitar la limonada, y siguió agitándola durante diez oraciones más, pero no logró disolver el azúcar. Hablaba del proceso de disolución...

> Durante el proceso de disolución, las partículas de una sustancia (el soluto) se distribuyen en un solvente y, una vez se distribuyen uniformemente, termina el proceso de disolución.

El proceso puede continuar. Todo lo que hay que hacer es añadir más soluto. Cuando hablamos de una solución con mucho soluto, decimos que es una solución concentrada.

Pero si seguimos añadiendo soluto, el proceso de disolución se detendrá. Cuando una solución contiene todo el soluto que puede disolver, decimos que es saturada.

26. ¿Dulce o demasiado dulce?

El calor influye en la capacidad de un solvente para disolver un soluto.
Observa lo que sucede cuando se calienta una solución saturada.

INSTRUCCIONES

1. Mezcla en la olla un vaso de agua y dos vasos de azúcar.

2. Agita la solución con la cuchara hasta que se disuelva
el azúcar.

3. Añade un poco más de azúcar.

4. Calienta la solución en la estufa.

Necesitas:
● azúcar, agua, una estufa,
una cuchara, una olla
pequeña, un vaso.

¿qué sucedió?
El azúcar se disolvió
por completo.

¿por qué?
El aumento de temperatura aceleró el movimiento de las moléculas,
lo que tuvo un efecto en la solubilidad: aumentó la cantidad de soluto que
puede disolver el solvente. Cuando se retira la olla de la estufa, la solución
comienza a enfriarse. Dicha solución fría es una solución sobresaturada,
pues contiene más soluto disuelto que el que tenía antes de ser calentada.

27. Un arcoíris en un tubo

El agua se endulza cuando le agregas azúcar. Comprueba si también cambia su densidad.

Necesitas:

- cinco vasos, cinco tubos de ensayo, azúcar blanca, cinco colorantes para alimentos diferentes, una cuchara, una pajilla transparente.

INSTRUCCIONES

1. Añade 50 mL de agua y tres gotas de cada colorante a cada vaso.

2. Agrega una cucharada de azúcar al primer vaso, dos cucharadas al segundo, tres cucharadas al tercero, cuatro cucharadas al cuarto, cinco cucharadas al quinto, y agítalos hasta que el azúcar se disuelva.

3. Vierte las soluciones de los vasos en los tubos de ensayo, asegurándote de que el orden siga siendo el mismo.

4. Inserta la pajilla vacía en el primer tubo de ensayo (a un centímetro de profundidad aproximadamente), tapa el extremo libre con el dedo índice y retira la pajilla del tubo.

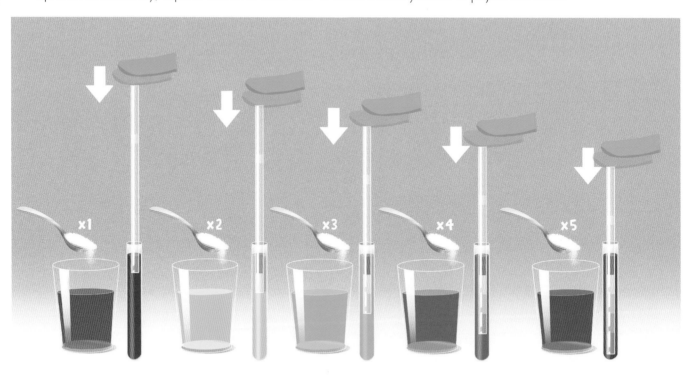

5. Pon la pajilla cerrada en el segundo tubo de ensayo hasta que esté sumergida a 2 cm de profundidad.

6. Retira el dedo de la abertura de la pajilla y luego tápala de nuevo rápidamente.

7. Repite el procedimiento en todos los tubos de ensayo restantes, asegurándote de que la pajilla siempre se sumerja un centímetro más conforme avanzas con las soluciones.

<table>
<tr><td>

¿Qué sucedió?

</td><td>

En la pajilla hay cinco capas de diferentes colores: un arcoíris en miniatura.

</td></tr>
<tr><td>

¿Por qué?

</td><td>

La densidad de una solución puede depender de la cantidad de sustancias que hay disueltas en ella, es decir, de la concentración de soluto en el solvente. Cuando se añaden con cuidado soluciones de diferente densidad a la pajilla o a cualquier otro recipiente, estas no se mezclan.

</td></tr>
</table>

28. Estantes químicos

Cuando vertemos líquidos de diferente densidad en un recipiente, cada uno toma su lugar. El más denso queda en el fondo, encima de este queda uno menos denso, y así sucesivamente hasta que el menos denso de todos queda en la parte superior. Observa lo que ocurre al insertar objetos en un recipiente así.

Necesitas:

- un vaso largo, una jeringa de plástico grande, líquidos de diferente densidad (aparecen en la lista de líquidos), objetos de la lista de objetos.

Lista de líquidos:

- miel, almíbar de frutas, leche, jabón líquido, agua, aceite, alcohol.

Lista de objetos:

- una moneda, un sujetapapeles, un borrador, un grano de pimienta, maíz (para hacer palomitas), una semilla de melocotón, un dado, goma de mascar, uvas pasas, un corcho.

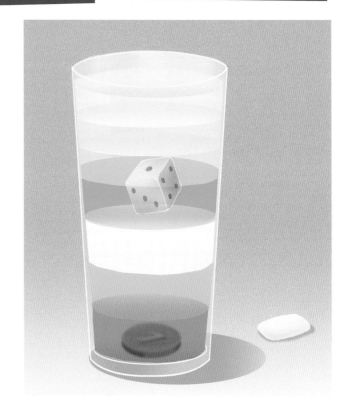

INSTRUCCIONES

1. Pon cuatro cucharadas de miel en el vaso y luego agrega cuidadosamente los demás líquidos con ayuda de la jeringa, en el mismo orden en el que aparecen en la lista.

2. Después de llenar el vaso hasta aproximadamente 4 cm del borde, puedes determinar la densidad de algunos objetos poniendo la moneda en el vaso y luego los demás objetos de la lista.

3. Observa hasta qué capa llegan los objetos.

¿qué sucedió?

Se formaron capas de diferentes colores en el vaso. Los objetos que pusiste en el vaso se hundieron hasta cierto punto y se quedaron allí.

¿por qué?

Los líquidos de diferente densidad no se mezclan. Los objetos del vaso tienen densidades diferentes. Cada objeto atraviesa las capas menos densas y se detiene en una capa más densa que él.

29. Submarinos diminutos

Cuando pones un objeto sólido en un líquido, este puede flotar o hundirse hasta el fondo. Pero ¿es posible que un objeto sólido se hunda y flote en un líquido a voluntad, tal como lo hacen los submarinos? Comprueba si es posible.

Necesitas:

● bicarbonato de sodio, vinagre, bolas de naftalina, agua, un vaso.

INSTRUCCIONES

1. Llena el vaso de agua, añade una cucharada de bicarbonato de sodio y una cucharada de vinagre.

2. Inserta tres bolas de naftalina.

3. Observa cuidadosamente el movimiento de cada bola.

¿qué sucedió?

Las bolas de naftalina subieron a la superficie del líquido del vaso y luego se hundieron de repente. El proceso se repitió durante un rato.

¿por qué?

El sodio y el vinagre sufren una reacción química y aparece dióxido de carbono gaseoso en el agua. Las burbujas de gas se agrupan alrededor de las bolas y las elevan. Cuando entran en contacto con el aire, las burbujas estallan y las bolas de naftalina se hunden. Esto sucede porque la densidad de las bolas de naftalina es ligeramente mayor que la densidad del agua, por lo que incluso las burbujas más pequeñas pueden elevar las bolas de naftalina hasta la superficie. Los ascensos y descensos duran hasta que termine la reacción química entre el bicarbonato de sodio y el vinagre, pues ahí es cuando termina la producción de gas.

¿CUÁL ES LA LIMONADA?

El químico adoraba las soluciones. Las vertía, las agitaba, les añadía cosas, las pasaba de un recipiente a otro, las observaba... En una ocasión lo vimos muy pensativo delante de tres vasos con un líquido traslúcido. Se veían iguales, pero su contenido era muy diferente. Uno de esos vasos contenía limonada, pero no sabíamos qué había en los otros dos. ¿Cómo identificar el que contenía la limonada?

¡No debemos beber ningún líquido cuya composición desconocemos! Ningún químico hace eso. Los indicadores nos ayudarán a encontrar el vaso que contiene una solución ácida.

De ese modo descubrimos que las soluciones también difieren en acidez y que todo lo que debíamos hacer era averiguar qué eran los indicadores. Un experimento nos fue muy útil...

30. Color ácido

Los indicadores son sustancias que tienen la capacidad de cambiar de color en soluciones de distinta acidez. Con ayuda de papel indicador (papeles impregnados con una de esas sustancias), descubre cuál de los tubos de ensayo contiene una solución ácida.

Necesitas:
- tres vasos, agua destilada, bicarbonato de sodio (base), ácido cítrico, tiras de papel indicador (se pueden comprar en tiendas para equipar laboratorios o en Internet).

INSTRUCCIONES

1. Disuelve una cucharadita de bicarbonato de sodio en el primer vaso de agua.

2. Mezcla ácido cítrico y agua en el segundo vaso.

3. Vierte agua destilada en el tercer vaso.

4. Separa tres tiras de papel indicador y sumerge una en cada vaso.

¿qué sucedió?

La tira de papel del primer vaso se volvió azul, la del segundo se volvió roja y la del tercer vaso permaneció amarilla.

¿por qué?

Las tiras de papel indicador están impregnadas de una solución que tiene un color amarillo en los medios neutros. Cuando ponemos el papel en un medio ácido, se pone rojo. Cuanto más ácido el medio, más rojo se torna el papel. En un medio básico, el papel se vuelve azul y la intensidad del azul depende de la alcalinidad de la base.

31. La col detective

Puedes medir la acidez de un líquido con ayuda de una col morada.

Necesitas:

- una col morada, un tamiz, una botella, seis vasos, detergente para lavar ropa, bicarbonato de sodio, vinagre, jugo de manzana, agua embotellada, agua destilada, blanqueador.

INSTRUCCIONES

1. Pica varias hojas de col morada en trozos pequeños.

2. Vierte agua destilada sobre los trozos de col y deja reposar la mezcla durante varias horas. Filtra la col y vierte el jugo en la botella.

3. Añade un poco de alcohol al líquido púrpura para que no se estropee tan pronto y ponlo en la nevera.

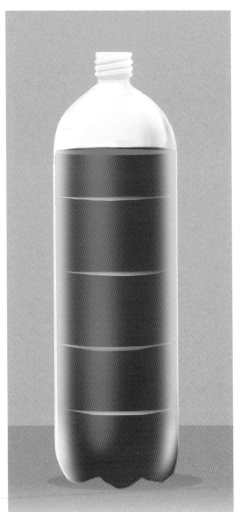

4. Pon una cantidad muy pequeña de las sustancias en el fondo de cada vaso: vinagre, jugo de manzana, agua embotellada, bicarbonato de sodio, detergente y blanqueador.

5. Vierte un poco de jugo de col en cada vaso.

6. Observa los cambios que ocurren.

¿qué sucedió?

El líquido del primer vaso se tornó rojo, el del segundo vaso se tornó rosa, el del tercer vaso se tornó azul oscuro, el del cuarto se tornó azul claro, el del quinto se tornó verde y el del sexto se tornó amarillo.

¿por qué?

La intensidad del color de un indicador depende del grado de acidez o de alcalinidad de un líquido. El jugo de col morada adquiere un color diferente en medios de distinta acidez, por lo que puede utilizarse como indicador.

EL AZÚCAR ES INVENCIBLE

El químico mezcló agua y azúcar, y luego calentó todo en una olla pequeña.

Si se deja en reposo una solución saturada durante un tiempo prolongado hasta que el solvente comienza a evaporarse, la sustancia sólida que se disolvió en él puede separarse en forma de cristales. Ese proceso se llama cristalización.

Muchas sustancias sólidas se encuentran en forma de cristal. Tal es el caso de la sal y el azúcar, y ahora… ¡bebe una limonada y preparemos unos caramelos!

32. Un caramelo

El azúcar está compuesta de pequeños cristales que pueden disolverse en agua y luego reaparecer. Haz grandes cristales de azúcar de colores.

Necesitas:

- una olla pequeña, azúcar, agua, colorante para alimentos, una estufa, una cuchara, un vaso, un palo de madera o de plástico, una pinza de ropa, una servilleta.

INSTRUCCIONES

1. Vierte un vaso de agua y tres vasos de azúcar en la olla. Pon la olla en la estufa, enciéndela y agita hasta que el azúcar se disuelva.

2. Vierte en el vaso la solución saturada que obtuviste, agrega un poco de colorante para alimentos y mezcla. Si deseas que tu caramelo huela bien, agrega unas gotas de extracto de vainilla, café, fresa, limón o de algún otro sabor.

3. Sumerge el palo en la solución de azúcar y luego pásalo por azúcar (cristalizada).

4. Sujeta con la pinza de ropa el palo al borde del vaso, de modo que no toque el fondo ni las paredes. Cubre todo con la servilleta. Observa lo que sucede después de varios días.

¿qué sucedió?

En el palo se formaron grandes cristales de azúcar semejantes a un coral.

¿por qué?

La solución está altamente saturada y la cristalización comienza alrededor de los cristales de azúcar que se adhirieron al palo. El azúcar recupera su estado sólido en forma de grandes cristales.

33. Un jardín acuático

Los maravillosos corales de los mares tropicales no son fáciles de ver. Puedes cultivar un jardín submarino en el que crecerán plantas y corales inusuales con ayuda de algunas sustancias químicas.

Necesitas:

- dos frascos grandes, arena fina, agua, silicato de sodio (vidrio líquido o vidrio soluble), sales metálicas tales como sulfato de cobre, sulfato de hierro (II), cloruro de hierro (III), cloruro de cobalto (III).

Nota:

Puedes comprar el vidrio soluble en tiendas donde venden productos para teñir.

INSTRUCCIONES

1. Vierte arena en un frasco hasta que alcance 2 cm de altura.

2. Llena de agua la mitad del otro frasco y termina de llenarlo con vidrio soluble.

3. Llena el primer frasco con la mezcla que obtuviste. Hazlo con cuidado para no levantar la arena del fondo.

4. Tapa el frasco y espera a que la arena se asiente.

5. Pon los cristales de sales metálicas en el frasco.

6. Cierra el frasco (para evitar que el vidrio soluble se endurezca) y observa.

¿qué sucedió?

Los cristales se ramificaron y se prolongaron hacia la superficie, tal como lo hacen las plantas cuando crecen. Las ramas son azules, verdes, anaranjadas y rosadas. El frasco parece un jardín submarino después de unas horas.

¿por qué?

Cuando se añaden sales metálicas a una solución acuosa de silicato de sodio, ocurre una reacción química. Como resultado de la reacción, aparecen silicatos metálicos que no pueden disolverse en agua. Además de los silicatos que produce la reacción, en el frasco se forman estructuras *coralinas* de figuras irregulares. Los cristales de cobre son azules, los de hierro (II) son verdes, los de hierro (III) son anaranjados y los de cobalto (III) son púrpuras.

34. Un árbol que florece

Una solución saturada de algunos compuestos también puede ser útil para hacer adornos. Elabora un adorno en forma de árbol.

Necesitas:
- un recipiente de fondo plano, cartulina, tijeras, una solución acuosa saturada de sulfato de cobre (disuelve dos cucharaditas de sulfato de cobre en la cantidad de agua necesaria para que la solución quede saturada).

CON UN ADULTO

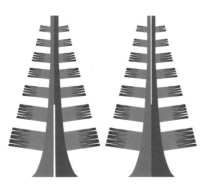

INSTRUCCIONES

1. Recorta dos árboles de cartulina idénticos (sigue el modelo).

2. Córtalos por la mitad (uno desde la parte inferior, el otro desde la parte superior) y ensámblalos como se muestra en la imagen.

3. Pega la parte inferior del árbol al fondo del recipiente.

4. Vierte la solución saturada de sulfato de cobre en el recipiente.

5. Cubre el recipiente con plástico para envolver alimentos.

6. Observa los cambios que ocurren durante los siguientes días.

¿qué sucedió?

Se formaron cristales en los bordes de la cartulina; parece como si el árbol hubiera florecido.

¿por qué?

El líquido del recipiente empapa la cartulina. El solvente (agua) se evapora en los bordes de la cartulina y la sustancia disuelta (sal metálica) se cristaliza. La cantidad de cristales aumenta con el tiempo, por lo que parece que el árbol floreciera.

35. El toque mágico

Con las condiciones apropiadas, las soluciones saturadas pasan a estado sólido. Generalmente, el proceso ocurre gradualmente, pero ese no es el caso de algunas soluciones. Comprueba por ti mismo cuánto tarda en cristalizarse una solución sobresaturada de acetato de sodio.

Necesitas:

- una olla pequeña, agua, una estufa, acetato de sodio, una cucharita, un vaso (de vidrio), un recipiente poco profundo.

INSTRUCCIONES

1. Calienta el agua hasta que hierva.

2. Añade al agua acetato de sodio cucharadita por cucharadita, siempre y cuando se siga disolviendo, es decir, hasta obtener una solución sobresaturada.

3. Vierte la solución en un recipiente poco profundo y ponla en la nevera.

4. Saca el recipiente de la nevera, toca la superficie de la solución con tu dedo o con un palo y observa los cambios que ocurren.

¿qué sucedió?

Tan pronto como tocaste el líquido, comenzó a solidificarse.

¿por qué?

La solución se sobresaturó al enfriarse. Una solución así pasa fácilmente a estado sólido, y basta con el toque de un dedo o un palo para que inicie el proceso de cristalización.

Al día siguiente recibimos una gran sorpresa. El químico llevaba puesta una bata blanca con algunas manchas, pero sobre la mesa, entre los productos químicos, había lápices de colores, papeles, y el recinto estaba decorada con pinturas, adornos pequeños y... una cosa verde.

Terminamos nuestra limonada rápidamente y nos reunimos con él en el laboratorio, ansiosos por averiguar de qué se trataba todo eso.

Muchos compuestos están formados por grupos de moléculas iguales que se unen y forman cadenas. Los grupos de moléculas se llaman monómeros, las cadenas se llaman polímeros y el proceso mediante el cual se forman los polímeros se llama polimerización.

Los polímeros naturales son las proteínas y los azúcares de los cuales están hechos los seres vivos. También existen muchos polímeros artificiales. Por ejemplo, el poliestireno es uno de ellos.

36. Colores tímidos

La leche contiene grasas cuyas moléculas forman cadenas muy largas.
Para comprobarlo podemos realizar un experimento con colores.

INSTRUCCIONES

1. Vierte un poco de leche en el plato, lo suficiente como para cubrir el fondo.

2. Añade una gota de cada color en el centro del plato.

3. Humedece el hisopo con jabón líquido.

4. Toca el centro del plato con el hisopo y observa cómo reaccionan las gotas de colorante.

Necesitas:

- un plato, una taza de leche, cuatro colorantes líquidos para alimentos de colores diferentes, un hisopo, jabón líquido.

¿qué sucedió?

Las gotas de color comenzaron a dispersarse por la superficie de la leche, formando círculos concéntricos.

¿por qué?

El detergente disuelve las grasas que contiene la leche, tal como disuelve la grasa de los platos sucios: separando las cadenas largas. Las secciones de grasa que se separan comienzan a moverse hacia los bordes del plato. Como la leche se tiñó previamente con colorantes para alimentos, parece que los colores se mueven como en una película.

37. Adornos para tu habitación

El poliestireno que viene dentro de las cajas se puede utilizar para hacer adornos para tu habitación. ¿Es posible hacerlo sin que haya bolitas de poliestireno por todos lados? Comprobémoslo con un experimento químico.

Necesitas:

- un plato hondo, trozos de poliestireno, acetona.

Nota:

Ponte guantes para hacer el experimento. El plato que uses debe ser metálico o de porcelana.

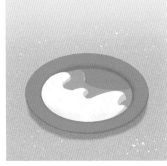

INSTRUCCIONES

1. Vierte acetona hasta la mitad del plato y arroja trozos de poliestireno sobre ella.

2. Dale forma a la sustancia resultante mientras esté fresca.

¿qué sucedió?

El poliestireno se disolvió muy rápidamente y se convirtió en una masa blanca similar a la plastilina. Amásala y haz figuras.

¿por qué?

Entre las cadenas largas de poliestireno hay burbujas de aire atrapadas. La acetona disuelve la molécula del polímero y libera el aire de las burbujas. Es por eso que se forma una masa moldeable. Después de un tiempo, la acetona se evapora y la masa se endurece. Así obtendrás un lindo adorno al que le puedes dar color después.

38. Pinturas con esmalte de uñas

Algunos tintes y esmaltes son polímeros artificiales que no se disuelven en agua. Aprovecha esta característica para hacer pinturas con ellos.

Necesitas:

● un recipiente de plástico lleno de agua, varias botellas de esmalte de uñas de diferentes colores, agua, un mondadientes para mezclar, papel.

INSTRUCCIONES

1. Añade una gota de esmalte en el centro del recipiente con agua; pon una gota de otro color sobre ella y repite este mismo procedimiento varias veces.

2. Desliza el mondadientes sobre la superficie para dibujar patrones de colores.

3. Pon una hoja de papel sobre la superficie del agua y luego levántala rápidamente.

4. Deja que el papel se seque en una superficie horizontal. Después puedes colgarlo como un cartel.

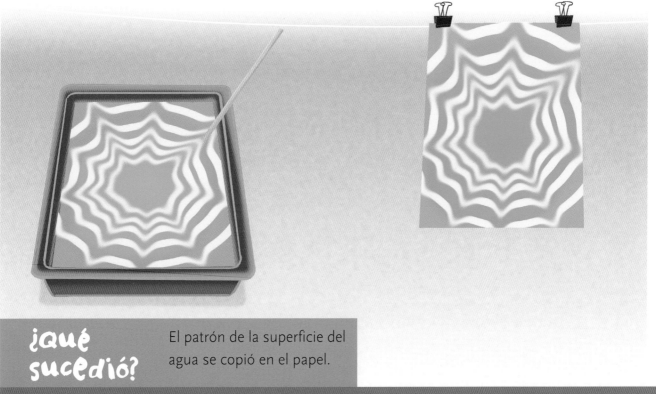

¿qué sucedió?

El patrón de la superficie del agua se copió en el papel.

¿por qué?

El esmalte de uñas no se disuelve en el agua; permanece en la superficie y forma una película delgada que se puede modificar con el mondadientes. Cuando esa película se adhiere a un trozo de papel o a un objeto, forma una capa y, cuando se seca, queda una imagen.

39. Un arcoíris nevado

Algunos polímeros artificiales pueden retener grandes cantidades de agua. Podemos utilizar esos polímeros para fabricar nieve artificial. Haz nieve multicolor.

Necesitas:

- unos cuantos pañales desechables, ocho vasos pequeños y angostos, cuatro colorantes para alimentos diferentes, agua, una bandeja.

INSTRUCCIONES

1. Corta los pañales y reúne el polvo blanco que hay en ellos.

2. Pon una cucharadita de ese polvo en cuatro vasos.

3. Vierte agua en los cuatro vasos restantes y agrega un colorante diferente en cada uno.

4. Vierte rápidamente el agua teñida en los vasos que contienen el polímero.

5. Vacía el contenido de los vasos en la bandeja.

¿qué sucedió?

Apareció nieve de colores en cada uno de los vasos. Al ponerlos en una superficie plana, se ve como un arcoíris.

¿por qué?

El polvo que hay en los pañales de bebé es un polímero que se une rápidamente a las moléculas de agua, por lo que su volumen aumenta considerablemente y pasa de ser un polvo a convertirse en una sustancia semejante a la nieve.

40. Una sustancia viscosa

Los polímeros son fáciles de fabricar. Aprovecha esta característica para hacer una sustancia pegajosa.

Necesitas:

- pegamento líquido transparente para papel y madera, agua, bórax (o almidón líquido), colorante para alimentos verde, dos vasos.

INSTRUCCIONES

1. Mezcla en el primer vaso 50 mL de agua y unas cuantas cucharadas de bórax. Si se acumula polvo blanco en el fondo del vaso, significa que preparaste una solución saturada, que es justo lo que buscas.

2. Mezcla en el segundo vaso pegamento con un poco de agua y unas gotas de colorante para alimentos.

3. Combina las dos soluciones y agita.

4. Amasa la sustancia resultante con tus dedos y exprímela para retirar el exceso de líquido.

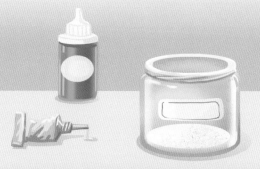

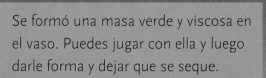

¿qué sucedió?

Se formó una masa verde y viscosa en el vaso. Puedes jugar con ella y luego darle forma y dejar que se seque.

¿por qué?

El pegamento contiene cadenas largas de moléculas, muy parecidas a los espaguetis. La solución de bórax une esas cadenas largas y forma redes tridimensionales con ellas. La masa obtenida es bastante resistente y se le puede dar forma.

CAMBIOS

El químico puso caramelos, galletas y limonada sobre la mesa. Los alimentos que comemos son mezclas químicas y, al descomponerse y digerirse, se forman nuevas sustancias.

Esos cambios se llaman reacciones químicas. Las sustancias que participan en ellas no solo se mezclan, sino que también cambian.

Eso significa que ocurren cambios en nuestro interior, tal como suceden en los laboratorios. De hecho, todos nosotros somos laboratorios de química naturales.

41. De una mezcla a un compuesto

LABORATORIO | **CON UN ADULTO**

Al combinar sustancias podemos hacer mezclas, pero también podemos provocar reacciones químicas.

INSTRUCCIONES

1. Pon una cucharadita de azufre y otra de hierro sobre el papel, revuelve y luego divide la mezcla en dos partes.

Necesitas:
- azufre, hierro, ácido clorhídrico, dos cucharas, una pipeta, papel blanco, un imán, dos tubos de ensayo, pinzas para tubo de ensayo, un mechero, una balanza.

2. Acerca el imán a la primera parte y observa lo que sucede.

3. Pon la otra parte de la mezcla en un tubo de ensayo y luego utiliza la pipeta para verter ácido clorhídrico hasta cubrir 2/3 de la altura del tubo. Observa lo que sucede.

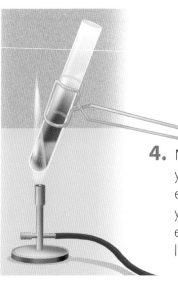

4. Mezcla 2 g de azufre y 3,5 g de hierro, viértelos en el otro tubo de ensayo y calienta todo sobre el mechero. Observa lo que sucede.

¿Qué sucedió?

En la primera parte de la mezcla, el imán separó el hierro del azufre. En el tubo de ensayo con ácido clorhídrico, solo quedó un residuo amarillo. En el tubo de ensayo que se calentó, solo quedó un residuo oscuro.

¿Por qué?

Dado que el hierro es un metal y el azufre es un no metal, el imán atrae el hierro de la mezcla y lo separa físicamente del azufre. Al añadir ácido clorhídrico ocurre una separación química porque el hierro se disuelve en ácido, pero el azufre no, de modo que queda en forma de residuo amarillo. Finalmente, cuando se calienta la mezcla de azufre y hierro, se produce una reacción química y se forma sulfuro de hierro, una sustancia que ya no se puede separar en azufre y hierro.

42. Una fuente química

Pueden producirse gases durante las reacciones químicas.
En espacios cerrados, estos aumentan la presión del aire,
y aprovecharemos esto para divertirnos.

Necesitas:

- una *botella de boca ancha*, 1/2 L de vinagre, un *sobre de bicarbonato de sodio*,
  dos trozos de manguera de plástico, una *bola pequeña de plastilina*, una *aguja de tejer*.

INSTRUCCIONES

1. Moldea un corcho de plastilina
e inserta los trozos de
manguera en él, de modo que
el más largo casi llegue al fondo
de la botella, y el más corto
llegue a la mitad de la botella.

2. Tapa bien el extremo inferior
del tubo corto con plastilina.

3. Vierte 1/2 L de vinagre
en la botella.

4. Pon el corcho en la boca de la
botella. Tapa los agujeros que
queden alrededor y deja que se
endurezca la plastilina.

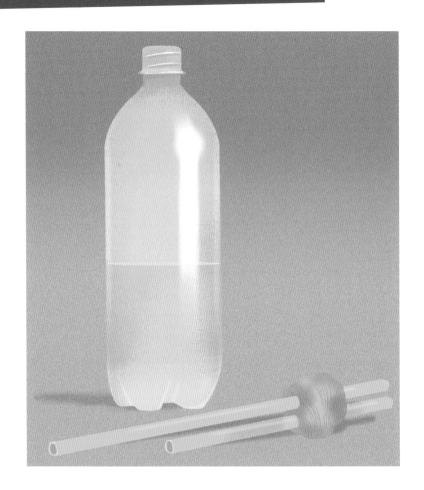

5. Llena con ayuda de un embudo el tubo corto con bicarbonato de sodio.

6. Pon la botella en un recipiente profundo y decóralo con algunas rocas y musgo.

7. Perfora la plastilina del tubo corto con ayuda de la aguja, retrocede y observa los cambios.

¿qué sucedió?

Comenzó a brotar una pequeña fuente del tubo más largo; el líquido fluye hacia las rocas del recipiente.

¿por qué?

Cuando haces el agujero en el tubo corto, el bicarbonato de sodio cae en el vinagre. Su reacción química produce una liberación repentina de dióxido de carbono. Eso aumenta la presión del aire que hay dentro de la botella, lo que hace que salga el líquido por el tubo largo y hace funcionar la fuente.

Robert Boyle (1627–1691) era un físico, químico e inventor irlandés. Descubrió que, a una temperatura constante, el volumen de un gas disminuye conforme aumenta la presión. Hoy en día esta es una de las leyes más importantes en química. Además de eso realizó experimentos en distintos campos, lo que era una excelente manera de poner a prueba las verdades científicas. Gracias a todo esto, Boyle es considerado el fundador de la química científica moderna.

43. Un volcán en el jardín

En el jardín se suele limpiar y plantar flores, pero ¡también puedes construir un volcán de verdad allí!

CON UN ADULTO

AL AIRE LIBRE

Necesitas:

- un frasco grande, 120 g de nitrato de potasio, 20 g de polvo de carbón, 20 g de azufre, 20 g de azúcar, unas gotas de ácido sulfúrico.

INSTRUCCIONES

1. Recubre el frasco abierto con arcilla y rocas para que parezca un volcán con un cráter en la cima.

2. Vierte el nitrato de potasio, el polvo de carbón, el azufre y el azúcar en el frasco, y mezcla con un palo.

3. Añade cuidadosamente, con ayuda de otro palo, y desde cierta distancia, gotas de ácido sulfúrico una por una. Luego aléjate rápidamente y observa los cambios.

¿qué sucedió?

De la boca del frasco comenzó a salir una mezcla de color rojo brillante parecida a la lava, del mismo modo en que sale magma del cráter de un volcán.

¿por qué?

La reacción química entre el ácido sulfúrico y el nitrato de potasio produce calor y este quema el azúcar, el azufre y el carbón. Luego se liberan gases (dióxido de azufre y dióxido de carbono) que elevan la mezcla rojiza donde se originó la reacción, por eso parece lava en ese momento.

44. Pasta dental gigantesca

Imagina cómo se vería un tubo de pasta de dientes gigantesco.

Necesitas:

- una *botella de plástico, 100 mL de hidrógeno al 12%, 50 mL de jabón líquido, colorante para alimentos, un sobre de levadura en polvo, agua, un vaso, una cuchara.*

INSTRUCCIONES

1. Vierte cuidadosamente el hidrógeno y el jabón líquido en la botella de plástico.

2. Añade unas gotas de colorante para alimentos.

3. Mezcla en el vaso la levadura con ayuda de la cuchara, con un poco de agua.

4. Vacía rápidamente el contenido del vaso en la botella y aléjate.

¿qué sucedió?

De la botella comenzó a salir una sustancia parecida a la pasta de dientes.

¿por qué?

El hidrógeno reacciona muy rápidamente con varios compuestos, en este caso, con los compuestos orgánicos de la levadura, que se descompone en agua y oxígeno. El jabón y el oxígeno forman pequeñas burbujas que salen rápidamente de la botella y forman una columna de espuma.

45. Suelo lunar

Si quieres decorar tu habitación con un objeto parecido a la Luna, debes asegurarte de que tenga cráteres. Una reacción química puede serte útil en ese caso.

Necesitas:

- un plato, aceite, citrato de magnesio, agua, yeso.

INSTRUCCIONES

1. Recubre la parte honda del plato con una capa de aceite.

2. Vierte una capa de citrato de magnesio en el plato.

3. Disuelve yeso en una taza, en un poco de agua, hasta que quede pegajoso.

4. Vierte el yeso sobre la capa de citrato de magnesio.

5. Observa: la superficie de la Luna aparecerá ante tus ojos.

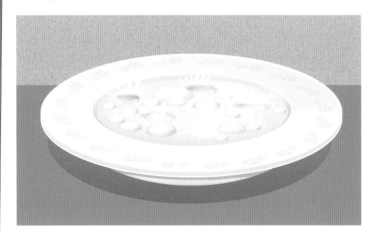

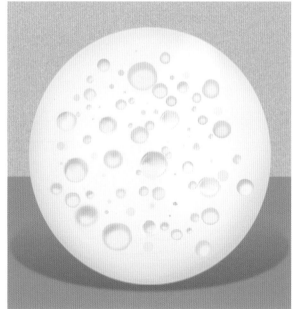

¿qué sucedió?

La superficie del yeso comenzó a burbujear y a formar cráteres. Cuando el yeso se endurece, la superficie se ve como el suelo lunar.

¿por qué?

Bajo la capa de yeso se produce una reacción química que libera dióxido de carbono. Este levanta y ahueca la capa de yeso, por lo que se forman cráteres. A medida que el yeso se endurece rápidamente, los cráteres conservan su forma.

46. La mamba negra

El azúcar blanca es un polímero que contiene un gran número de átomos de carbono, y estos son de color negro. ¡Convierte azúcar blanca en una mamba negra!

Necesitas:

- un vaso pequeño, un vaso resistente al calor (o una lata vacía), arena, azúcar, bicarbonato de sodio, alcohol, una cerilla.

INSTRUCCIONES

1. Combina cuatro cucharadas de azúcar con una cucharada de bicarbonato de sodio.

2. Vierte un poco de arena en el fondo del vaso y haz un agujero pequeño en ella.

3. Vierte alcohol sobre la arena hasta que se humedezca un poco.

4. Vierte la mezcla de bicarbonato de sodio y arena en el agujero de la arena.

5. Enciende la cerilla, acércala a la arena húmeda, retrocede y observa los cambios.

¿qué sucedió?

Ante tus ojos comenzó a elevarse una columna negra semejante a una serpiente.

¿por qué?

El alcohol comienza a quemarse fácilmente y alcanza altas temperaturas que queman la mezcla de sodio y azúcar. El calor desencadena una reacción química en la que se separa el carbono del azúcar. El dióxido de carbono que se produce en la reacción hace que se desplace el carbono y se levante la serpiente.

CON UN ADULTO

AL AIRE LIBRE

47. Trampa de humo

Algunos líquidos se evaporan a temperatura ambiente y sus vapores son incoloros, por lo que no se pueden ver. Sin embargo, cuando dos o más de ellos entran en contacto y reaccionan, se forma un nuevo compuesto cuyo vapor se hace visible.

Necesitas:
- una *botella pequeña de ácido clorhídrico* y una *botella pequeña de amoniaco*.

Nota:
Realiza el experimento con el equipo de protección puesto (tapabocas y guantes).

INSTRUCCIONES

1. Humedece las paredes internas de un vaso con ácido clorhídrico.

2. Humedece la parte inferior de un plato con amoniaco.

3. Cubre el vaso con el plato y espera unos minutos.

¿qué sucedió?
De la nada apareció humo blanquecino en el vaso; da la impresión de que lo atrapaste.

¿por qué?
Los vapores de ácido clorhídrico de las paredes del vaso y los vapores de amoniaco de la base del plato reaccionan y crean vapor de cloruro de amonio, que es de color blanquecino.

48. El camaleón

Durante algunas reacciones químicas, la apariencia de las sustancias que participan en ellas cambia continuamente. Aprovecha esto para hacer un camaleón químico.

Necesitas:
- hidróxido de sodio, permanganato de potasio, azúcar, agua, un vaso, un tubo de ensayo.

INSTRUCCIONES

1. Vierte 100 mL de agua en el vaso.

2. Añade 1/2 g de hidróxido de sodio sólido y tres cucharaditas de azúcar. Mezcla hasta que todo se disuelva.

3. Vierte 5 mL de agua en el tubo de ensayo y agrega varios cristales de permanganato de potasio hasta que la solución tome un color púrpura brillante.

4. Vierte todo el contenido del tubo en el vaso, agita bien y observa los cambios.

¿qué sucedió?

En el trascurso de varios minutos, la solución cambió de color púrpura brillante a púrpura oscuro, luego a azul oscuro, azul claro, verde azulado, verde, verde amarillento, amarillo oscuro y finalmente a marrón.

¿por qué?

En el vaso ocurre una reacción química entre el azúcar y el permanganato de potasio. La velocidad de esa reacción depende de la cantidad de hidróxido de sodio. Cuando hay una cantidad muy pequeña, la reacción ocurre lentamente y los colores intermedios pueden verse claramente.

49. Explosión

Cuando se construyen carreteras o ferrocarriles, generalmente es necesario despejar el terreno mediante explosiones. Los trabajadores instalan explosivos, luego se alejan y causan una explosión. Ilustra este proceso con un dibujo químico.

INSTRUCCIONES

1. Dibuja una roca en un extremo del papel, un experto en explosivos en el otro y un rastro de pólvora entre ellos.

2. Pega la tapa en la otra cara de la hoja, justo detrás de donde está la roca.

3. Sumerge el pincel en la solución de nitrato de potasio y deslízalo sobre el rastro de pólvora.

Necesitas:

- una hoja de papel, un pincel, una solución de nitrato de potasio, una cerilla, una tapa, pegamento, lápices de colores.

CON UN ADULTO

AL AIRE LIBRE

Nota:

Usa una hoja de papel grande para que tus manos estén lo más lejos posible de la tapa y de la llama.

4. Enciende una cerilla y apágala de inmediato. Con la punta brillante, toca el lugar cerca del experto en explosivos donde comienza el rastro de pólvora.

5. Pon la hoja sobre el césped o sobre el suelo de cemento y observa lo que ocurre.

¿qué sucedió?

El papel comenzó a arder y una llama débil recorrió el camino de pólvora. Al llegar a la tapa, hubo una explosión.

¿por qué?

El nitrato de potasio es rico en oxígeno, lo que hace que el papel se queme más fácilmente en los lugares en los que se aplicó. Por esa razón, el papel se quema rápidamente a lo largo del rastro de pólvora. Finalmente se incendia la tapa, lo que provoca una explosión.

50. Luces nocturnas

Si quieres crear un ambiente especial para un evento, elabora unas cuantas linternas mágicas. No hace falta usar reflectores, rayos láser, hologramas, mangueras de luces ni bombillas fosforescentes; todo lo que necesitas es una serie de reacciones químicas.

INSTRUCCIONES

1. Corta siete pabilos de 10 cm de largo.

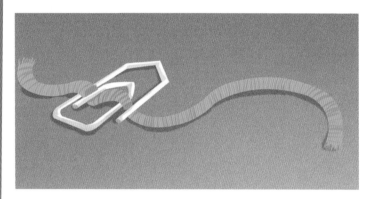

Necesitas:

- siete botellas de vidrio pequeñas, pabilos de algodón, siete sujetapapeles, alcohol, sal de mesa, sulfuro de mercurio, nitrato de plomo, cloruro de calcio, nitrato cúprico, cloruro de estroncio, clorato de potasio.

2. Une cada pabilo a un sujetapapeles, de modo que un extremo permanezca suelto, tal como la mecha de una vela.

3. Vierte 35 mL de alcohol en cada botella. Luego agrega uno de los productos químicos de la lista a cada botella. Asegúrate de medir las cantidades con mucha precisión.

Lista de productos químicos:

- 9 g de sal de mesa;
- 10 g de sulfuro de mercurio;
- 8 g de nitrato de plomo;
- 8 g de cloruro de calcio;
- 10 g de nitrato cúprico;
- 10 g de cloruro de estroncio;
- 10 g de clorato de potasio (previamente disuelto en un poco de agua).

4. Inserta un pabilo en cada botella, de modo que el sujetapapeles quede en la boca. Esto evitará que el pabilo caiga en la botella.

CON UN ADULTO

LABORATORIO

5. Enciende los pabilos de todas las botellas y observa los colores de las llamas.

¿qué sucedió?	Las llamas de las linternas se encendieron de diferentes colores: amarillo (rojizo como una puesta de sol), azulado, anaranjado, verde esmeralda, rojo y púrpura.
¿por qué?	Las sales metálicas disueltas en un solvente inflamable se queman fácilmente. Las moléculas de cada compuesto cambian durante la combustión y liberan partículas metálicas que le dan a la llama diferentes colores.

Alguien tararea en un laboratorio. Entre tubos de ensayo, matraces de Erlenmeyer y pipetas, hay una científica sentada en un taburete, mientras vigila la extracción del aceite esencial de la ajedrea y añade pacientemente el líquido a una limonada, gota a gota. La científica es Tanja y estudia el efecto de los aceites esenciales en los agentes causantes de enfermedades. Así se obtienen los antibióticos naturales, los cuales pueden ayudar a preservar la salud.

Tanja es bióloga molecular y adora estudiar los aspectos más pequeños de la naturaleza. Para convertirse en microbióloga se graduó en la Universidad de Belgrado y posteriormente terminó su doctorado en Novi Sad. Ahora enseña en la Facultad de Ciencias y Matemáticas de la Universidad de Niš.

Hoy es un día especial para Tanja. Todos sus alumnos vendrán a su laboratorio: tanto los pequeños para los cuales se creó el proyecto "El conocimiento será tu varita mágica", como los grandes a los que les enseña en la universidad. Hoy todos van a celebrar el cumpleaños de su amiga química. Ayuda a Tanja a hacer fuegos artificiales.

Fuegos artificiales bajo techo

INSTRUCCIONES

1. Consigue una barra de chocolate o algún otro caramelo que esté envuelto en papel de aluminio.

2. Retira el envoltorio y córtalo en tiras de 2 o 3 cm de ancho.

3. Enciende la vela y sopla a través de la pajilla doblada hacia la llama, para desviarla hacia un costado.

CON UN ADULTO

Necesitas:
● una vela, papel de aluminio, una pajilla flexible.

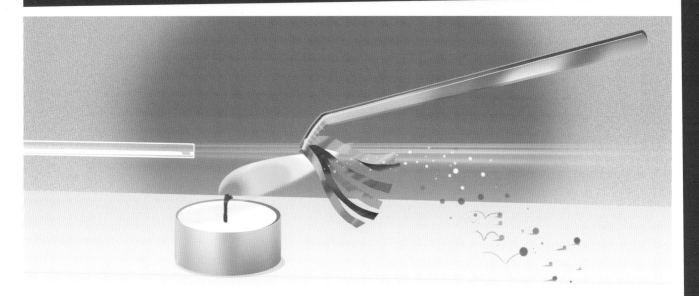

4. Sostén varias tiras de papel de aluminio con unas pinzas y acércalas a la punta de la llama.

5. Observa lo que ocurre mientras comes el chocolate al que le quitaste la envoltura.

¿Qué sucedió?

Las tiras de papel de aluminio se derritieron y se convirtieron en bolas pequeñas que rebotaron sobre la mesa. Si las luces de la habitación están apagadas, se ven como fuegos artificiales pequeños.

¿Por qué?

Al soplar hacia la llama se suministra una cantidad adicional de aire, lo que aumenta la combustión de la vela. La llama no solo es más brillante, sino también más caliente. En consecuencia, el papel de aluminio se derrite rápidamente y se forma una película de óxido de estaño alrededor de las bolas.

Cada vez que veas fuegos artificiales, recuerda que existen gracias a algún principio presentado en este libro. El fósforo se enciende en llamas fácilmente y calienta una mezcla de sustancias; las altas temperaturas provocan una reacción química violenta y la energía que libera esa reacción se convierte en luces multicolores.

Cuando bebas una limonada llena de vitaminas, piensa en el mágico mundo de la química al que nos llevó Tanja. Con los experimentos hiciste milagros sin necesidad de decir palabras mágicas, descubriste muchos secretos y te familiarizaste con el irresistible mundo de la química.

CONTENIDO